颜鹏 房正浓 马玉婷 编

贺贤土的物理一甲子

ZHEJIANG UNIVERSITY PRESS
浙江大学出版社

　　2017年是浙江大学建校一百二十周年，这所在甲午战败后为了民族自强而建立的大学，涌现了无数为民族独立自强，为祖国的国防现代化、工农业现代化做出卓越贡献的杰出校友。在我国尖端武器发展过程中，浙江大学校友既有领导研制的王淦昌先生、程开甲先生、赵九章先生等"两弹一星功勋奖章"获得者，也有许多当年战斗在一线并做出重要贡献的"年轻人"，贺贤土院士便是其中的佼佼者。

　　整整六十年前的1957年，贺贤土院士进入浙江大学物理学系学习。1962年毕业后，他便进入二机部九院参加原子弹的研究试验工作。作为一线研究人员，贺贤土参与我国的原子弹、氢弹以及地下核试验的各种任务，后来又在我国中子弹的研制中起了关键作用。自二十世纪八十年代起，贺贤土院士作为首席科学家主持了我国的激光核聚变研究，在为国防事业做出重要贡献的同时，也在等离子体物理基础科学研究的相关领域中取得了一系列重要成果。

　　浙江大学有着辉煌的理学传统，二十世纪四十年代，王淦昌、陈建功、苏步青等老一辈教师培养了诺贝尔奖得主李政道、"两弹一星"元勋程开甲、数学家王元、谷超豪等一大批杰出理科人才。院系调整之后，浙江大学虽然变成一所以工科为主的大学，但也迅速恢复了理科的系，如数学系、物理学系等，成为一所理工科大学。八九十年代，浙江大学扎实的理科基础也为浙江大学工科快速发展以及学校整体提升做出了贡献。1998年，四所同宗同源的学校合并组成新的浙江大学后，整合了已有的数学系、物理学系、化学系、力学系、地球科学系和心理学系，成立了理学院。1999年，贺贤土院士回到母校，担任理学院的院长。十几年来，贺贤土院士一直为浙江大学理学基础学科的发展而努力，为理学学科的学科发展、队伍建设和人才引进做了许多具体的工作。浙江大学的理学学科发展进入一个新的阶段，建成了一批国家重点学科，培养了包括两院院士、国家杰出青年科学基金获得者、"长江学者奖励计划"特聘教授在内的众多高端人才，贺贤土院士为重塑浙江大学理科的辉煌做出了杰出贡献。

六十年时光漫漫，一甲子功勋璀璨。探求真知的路途上，贺贤土院士汇聚英才，融通理工，以他开放包容的胸襟、横贯中西的视野和爱国奉献的情怀，为我们树立了求是创新、走在前列的科学风范！

本书记录了贺贤土院士的主要生活和工作经历，并附珍贵的图片资料。谨以此书祝贺贺贤土院士六十年来的卓越成就，也为贺贤土先生科学思想和教育思想的研究者提供参考。

吴朝晖

2017年9月

CONTENTS
目录

教育、学习经历

- 1937年
  出生于浙江省镇海县

- 1957—1962年
  浙江大学物理学系求学

- 1986—1987年
  美国马里兰大学访问学者

科学生涯

- 1962—1980年
  北京应用物理与计算数学研究所助研

- 1981—1988年
  北京应用物理与计算数学研究所副研究员、室副主任

- 1988年至今
  北京应用物理与计算数学研究所研究员

- 1995年至今
  中国科学院院士

- 1988—1991年

北京应用物理与计算数学研究所科技委副主任

- 1991—1997年

北京应用物理与计算数学研究所副所长

- 1993—1996年

国家高技术研究发展计划（863计划）惯性约束聚变主题秘书长

- 1996—2001年

863计划惯性约束聚变主题首席科学家

- 2002年至今

863计划ICF计划顾问，X领域ICF小组组长，国家重大专项专家委员会委员

- 1999— 2009年

浙江大学理学院院长（兼职）

- 2001—2007年

中国科学院数学物理学部常委、副主任、主任以及学部主席团成员

- 2007年至今

北京大学应用物理与技术研究中心主任

- 2007—2016年

计算物理学会理事长

- 2013年至今

英文杂志*Communication in Computational Physics* 主编；国际杂志*Laser and Particle Beams*副主编（2012年至今）

成长求学

1937—1962年

CHENGZHANG QIUXUE

1937—1943年
儿童时期

　　1937年9月28日，贺贤土出生于浙江镇海县（今属北仑区）一个普通家庭，原名贺燮堃。小时候他被过继给姑姑，由两家共同抚养。儿童时期，其父赴重庆与远房表叔合开"进文书店"，小有名气，家庭靠父亲寄来的钱支撑日常生活。

新碶镇旧时风貌——"新碶头"

1943—1949年
小学阶段

　　1943年9月，贺燮堃入新碶小学念书，更名为"贺贤土"。父母对他的教育理念是：要有一技之长，要知足常乐。

　　1945年，贺贤土就担任表哥婚礼的"赐福使者"，小小年纪顺利地在祖庙仪式上背了整篇文言文的祝文。因此，大家都认为贺贤土很聪明，之后一些亲戚结婚都要求他做赐福使者。这些表扬和肯定对贺贤土未来的发展起到了不可忽视的作用。

　　1946年，贺贤土的父亲回来了。当时路上兵荒马乱，只随身带了《今古奇观》《新生活运动》等书，钱藏在书页夹层中，以防被盗贼发现抢夺。

　　这一时期他喜欢看武侠小说和古典小说，写作优秀。

新碶镇旧时风貌——设在
关帝庙的镇海县立新碶小学

3

1949—1951年
被迫辍学

　　解放军在新碶镇集结，准备渡海解放舟山，国民党的飞机对新碶镇进行轰炸。贺贤土逃难到较远山岙里的亲戚家中，躲了一年多。这一时期贺贤土被迫辍学了，但阅读了很多古典文学作品。

1951—1954年
初中阶段

1951年秋，贺贤土进入镇海辛成中学（现浙江省镇海中学）开始初中阶段的学习生活。

1952年，响应国家"学习成为中国青年特别突出任务"的号召，贺贤土感到要努力学习，期间他在报纸上看到北大研究生周光召刻苦学习的事迹，被深深地感动并视其为偶像，这激发了他极大的学习热情，成绩一直保持全校的第一、二名。

初中期间，贺贤土先后担任学生会执委、副主席、主席等职务，各门功课都很优秀，受到当时的校长李价民先生的鼓励和教诲。青少年时代的贺贤土兴趣广泛，喜欢探讨逻辑性强、理论性强的难题，题越难越能激起他的学习兴趣。这一时期他痴迷苏联文学，看了《远离莫斯科的地方》和《钢铁是怎样炼成的》等书籍，视保尔·柯察金为英雄偶像，还喜欢看鲁迅和巴金的书。

贺贤土初中时期与班主任姚先熙、
几何老师沈亦澄及同学的合影

走向生活 镇海辛成中学
一九五四年毕业全学在宁波合影 1957.7.7.

镇海辛成中学第4届毕业同学留影（六之三）

贺贤土初中时期班级合影

1954—1957年
高中阶段

　　1954年秋，贺贤土进入浙江宁波一中（现宁波中学）开始高中阶段的学习生活。他回忆高中学习比较轻松，成绩也很好，这使得他有更多的时间进行课外学习。他喜爱文学，对茅盾的《子夜》、巴金的《家》《春》《秋》，以及鲁迅、郭沫若的作品爱不释手。他不仅平时作文写得很好，还曾尝试写过短篇小说。他对文艺评论感兴趣，特别是胡风的文艺评论，即使是非常晦涩的文章他也觉得很有味道。他同时也对数理化很感兴趣，语文和数理化成绩一直名列前茅，对毕业后选择文理科一直定不下来。

贺贤土高中时期与学生会干部合影

贺贤土高中班级合影

　　1956年寒假，贺贤土被中央"向科学进军"的号召深深地打动，弃文搞科学，立志成为物理学家。当时，共青团宁波市委组织中学学生会干部提前到宁波市学习，聆听物理老师关于半导体、原子能等方面的物理学进展报告，观看王淦昌在苏联杜布纳研究所的报告录像。这时候，他下了决心大学要报考物理专业。课余时间自学大学物理，自学苏联物理学家福里斯写的《普通物理教程》中的部分内容。

宁波一中高三（8）全体全学毕业留念 1957.6.

贺贤土高中班级合影

　　1954—1955年，贺贤土担任校团委军体部长。每天早晨要比其他人起得更早，为全校学生领操。1955—1957年，贺贤土担任学生会文化部长。

1957—1962年
大学阶段

1957年秋，贺贤土进入浙江大学物理学系理论物理专业本科学习，成为浙江大学自1952年院系调整后物理学系的第一批新生之一。

大学期间，贺贤土对理论物理特别感兴趣，涉猎理论物理领域的量子力学和量子场论问题。最喜欢的课程是李文铸教授的基本粒子（场论）和量子力学。王谟显等教学水平高、要求严格的教授使其受到很好的训练，为他奠定了从事科研的知识基础。当时的贺贤土虽然在班里分数不是最高的，但是他思想活跃，经常与同学讨论、跑图书馆，对新的知识十分感兴趣。大学期间贺贤土是物理学系学生会部长和浙江大学学生会负责文艺方面的干部之一，兼任民族乐队队长，《良宵》等二胡合奏是学校庆祝活动文艺演出的保留节目。

贺贤土大学期间与同学的照片

贺贤土大学期间与同学的照片

贺贤土大学时期照片

　　贺贤土在一本从俄文翻译过来的杂志《知识就是力量》中又一次读到周光召的事迹，心里更是钦佩。

　　1958年暑期，国家开始大炼钢铁，贺贤土参加运动，勤工俭学，上课时间减少。学校安排打滚珠、砸钢板，学习时间减少。后来下农村、下工厂。教学改革压缩课时，常微分方程课程压缩至四周上完。

　　1962年初，系里老师推荐贺贤土为研究生，但是困难时期造成他身体浮肿，体检不合格。

　　1962年9月，贺贤土被分配到浙江大学物理学系理论物理专业教研室任助教。

贺贤土大学时期照片

　　1962年11月，浙江大学物理学系主任李文铸突然找贺贤土谈话，要把他改分配到北京"一个重要的国家单位"。11月30日，贺贤土到"煤炭工业部招待所"报到，从此结下了与国防科研的不解之缘。由于有海外关系，贺贤土在北京南郊果子市客店待了三个月等待审查。

投身核武器研究

1963—1985年

TOUSHEN HEWUQI YANJIU

1963—1965年
早期研究工作：第一次原子弹试验的
"过早点火概率"计算

　　1963年3月，贺贤土进入二机部北京第九研究所一室（后为理论部和研究所）工作。接见他并与他谈话的是他中学和大学时期的偶像、著名科学家周光召，贺贤土在偶像领导下工作感到备受鼓舞。

贺贤土工作初期于
北京天安门留影

青年时期的贺贤土于北京留影

进入研究所后，贺贤土在彭桓武、邓稼先、周光召等著名理论物理学家的领导和指导下工作，不仅学到了很多学校里没有接触过的知识，而且在他们独特的研究思想和方法的影响下，通过自己的实践与感悟，逐步形成了一套自己的分析和思考问题的科学思维方法。

贺贤土参与的第一个课题是在老同志带领下，研究原子弹爆炸后中子在大气中的深穿透计算。他圆满完成了任务，获得了领导肯定。

1963年底至1964年初，贺贤土接受了另外一个任务，研究我国第一颗原子弹过早点火概率。他通过努力给出了物理模型，并与数学专业的同志合作，计算出了我国第一颗原子弹试验的合理数据，从理论上保证了热试验风险降到最小，为当时试验决策者提供了重要参考。这一工作所用理论和方法一直被后来研究者使用和参考。

在内爆压缩裂变燃料到高密度过程中，原子弹系统处在高超临界状态，如果此时外界或装置内部出现突发涨落中子，它就有可能在预定点火时刻以前发生点火，造成原子弹爆炸当量小于预定设计指标，甚至出现只是材料融化的严重失败。因此，确切计算出"过早点火概率"是原子弹爆炸成败风险评估的重要问题。这项工作以前有好几位专家在不同的物理模型下进行过计算，但结果均不理想。于是，1963年下半年，领导给贺贤土的任务是"高超临界时的过早点火概率和有关问题"的研究和计算。在总结前人工作的基础上，他从概率论出发，推导得出与流体力学耦合的积分微分方程。通过深入研究，经过大半年的努力，贺贤土认识了很多物理规律。这时他已比较透彻地理解和分析了相关物理问题，给出了方程数值计算的物理方案，并与一位从事计算数学研究的同事合作，编写了计算机程序，精确地算出了过早点火概率。这项成果不但提供了我国第一颗原子弹爆炸过早点火概率的数据，并在此后的核武器设计与试验中一直被应用。

这期间，他完成了核装置的过早点火问题和超临界系统中子点火的随机过程等内部论文，后来又用生成函数方法进一步推导获得了更严格的过早点火概率表达式。

根据过早点火的要求，贺贤土又研究完成了核装置有关材料中的杂质含量的限制标准。

1965—1976年
深入研究时期：突破氢弹原理及第一次地下核试验试验现场的物理测试总结

1965—1968年，在突破氢弹原理过程中，贺贤土完成了大量与热测试物理有关的开拓性研究工作。

在突破氢弹原理过程中，贺贤土是"热测试物理理论组"的骨干。他的任务是分解氢弹作用过程的重要物理因素，进行理论研究并给出热试验时物理测量理论方案和测试量程，然后与实验研究人员讨论确定实验方案。热试验后又与试验测试人员共同进行测试数据去伪存真的分析讨论，最后把确定结果用于改善氢弹总体设计。他负责氢弹爆炸后中子、伽马光子在弹体中的穿透计算，用内活化等方法研究弹体爆炸聚变、裂变当量，并研究弹体爆炸中的温度等参数。

贺贤土先后完成了《氢弹爆炸过程中子穿透能谱》和《热试验的内活化理论与方法》等内部论文和很多报告。

1966—1969年，贺贤土领导团队完成了第一次地下试验核装置物理设计和氢弹作用过程物理分解研究。

中央决定，自1966年开始，我国核试验要从高空逐步转向地下。当时研究所决定由贺贤土组织一个十几人研究小组进行第一次地下核试验理论研究。他的任务是研究设计一个爆炸当量2万吨TNT的核装置；同时分解研究氢弹作用过程的若干重要物理因素，在地下试验时进行近区实验测量。贺贤土多次来往青海、新疆和北京，实地了解情况，并与有关参试单位进行讨论。

贺贤土与李敏结婚（1966年）

第一次地下核试验的核装置放在从山脚掘进去的平洞深处，要求核爆炸时山不能"冒顶"（掀掉）、不能"放枪"（放射性物质从平洞廊道冲出）、不能"泄乱"（放射性物质从裂缝中出来）（即"三不"要求）。保证这样的高计算精度在当时困难很大，不仅因为当时计算机速度只有每秒几万次水平，需要计算量太大，而且因为那时第一颗原子弹试验成功时间并不长，对爆炸过程细致物理规律认识、计算所需状态方程参数校验以及拥有的总体设计经验等都很有限。"三不"要求在当时的计算等条件下，给贺贤土带来了很大的压力，贺贤土与研究设计人员一起反复讨论，分析作用过程的物理规律。经过大量模拟计算，最后终于克服困难完成核装置理论设计任务。1969年9月的第一次地下核试验的圆满成功充分证明了他们设计的精确性。

1967年，第一次大当量氢弹试验虽然圆满成功，但氢弹内部复杂的相互作用的重要物理规律仍然需要深入认识。因此，在进行核装置设计的同时，贺贤土的另一个任务便是组织团队成员分解研究氢弹反应过程若干重要物理因素，先从理论上研究它们的物理规律，然后与实验测量团队讨论，安排在第一次地下试验进行定量测量，以深化对氢弹作用科学规律的认识。此外，第一次地下核试验还准备了反导作用机理有关问题的热试验研究。贺贤土除了安排组内其他成员的研究课题外，他自己负责研究来自一个特殊小孔高温热源的X射线辐射，以及X射线作用在物质上产生的热击波效应，研究材料的破坏效应和机理。

虽然第一次地下近区内测试时，仪器受到较大干扰，测试数据受到影响，但他们物理分解的理论研究结果在后两次地下核试验使用时获得了令人满意的结果。在第一次地下核试验中，贺贤土和他的团队成员展现了敢于自力更生、勇于开拓创新的精神，为核试验的成功做出了重要贡献。

1970年，第一次地下核试验一年后，贺贤土被派往马兰基地，负责了第一次地下核试验试验现场的物理测试总结工作。他们实地调查，深入到已经整理过的放核装置的爆室，深深体会到核爆炸一年后尚存的余威，这一考察为他们总结工作提供了很多感性认识。在此基础上，贺贤土领导小组进行了第一次地下核试验后有关测试数据和物理规律的总结。这些工作为此后的多次地下核试验提供了重要参考。到了第三次地下核试验时，贺贤土他们已经可以完全控制住干扰，获得近区测试的很多重要结果了。

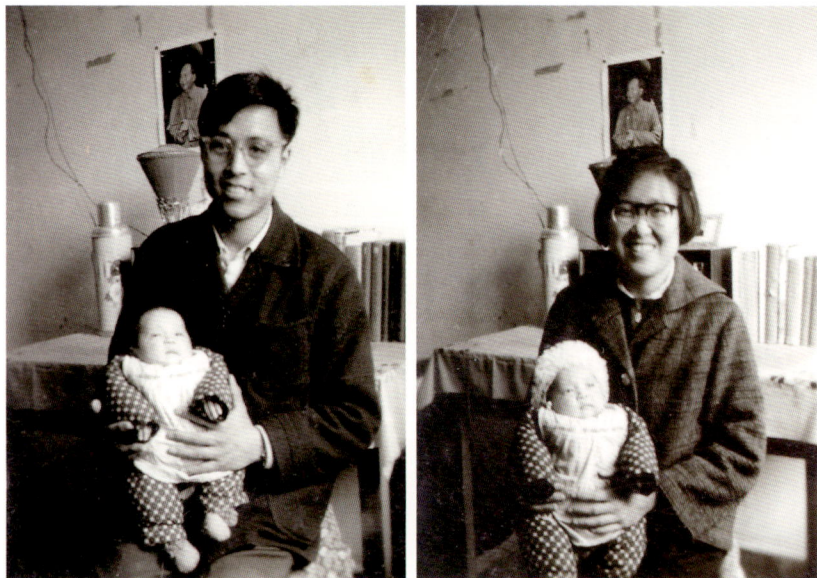

1967年，贺贤土女儿出生，图为贺贤土及李敏分别与女儿合照

贺贤土青年时期的工作及阅读照

至此，贺贤土对地下核试验的有关问题已积累了丰富经验，对复杂几何构形下的地下热试验过程中的中子、光子穿透问题建立了不少物理模型，解决了很多实际问题，为试验人员提供了具体及时的帮助与指导。这些成果对有关试验具有重要的应用价值。这些研究形成《含球形空穴介质中非定态中子年龄方程和扩散方程解》《圆柱几何非定态中子年龄方程和扩散方程解》《高能带电粒子在空气中传输过程及其对靶物的破坏效应》等多篇论文，其中部分论文后来公开发表。

在氢弹和地下试验的热测试研究中，贺贤土开拓创新，建立了大量有效的理论模型和定标关系，完成了很多内部报告，为后期热测试理论研究和应用提供了重要基础。

1977—1985年
突破中子弹原理

　　自20世纪70年代初开始，第九研究所在周光召的直接带领下成立了研究所的发展规划组，贺贤土为规划组成员。1977年7月，美国成功试爆第一颗中子弹。当时规划组正在讨论研究所的下一步研究工作发展规划，周光召和规划组同志感到，中国也应该研制中子弹。

于敏（左一）常与贺贤土（右一）探讨科研问题

为了取得军方的支持，贺贤土与规划组其他两位成员先后到总参和当时的国防科委去讲解中子弹的特点和杀伤作用。当时贺贤土正在领导一个研究组探索一种新的热核反应理论，周光召要求贺贤土研究组先进行探索。周光召带领贺贤土和研究组部分同志到北京郊区中国科学院的一个天体观察站了解它们储存特殊材料的设备和条件。

中子弹是以增强中子辐射为目的的核武器。20世纪70年代中后期，贺贤土受命率领研究团队进行中子弹原理和理论设计研究。虽然那时氢弹已经突破，并且已有较好的研究基础，但氢弹不可能产生中子弹要求的中子量。那么中子弹的材料和结构，特别是作用原理都还不清楚，无法用传统氢弹材料和作用原理实现突破，需要进行新的探索研究。

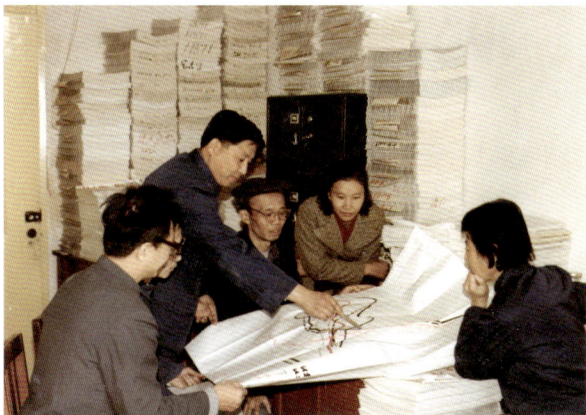

中子弹研究过程

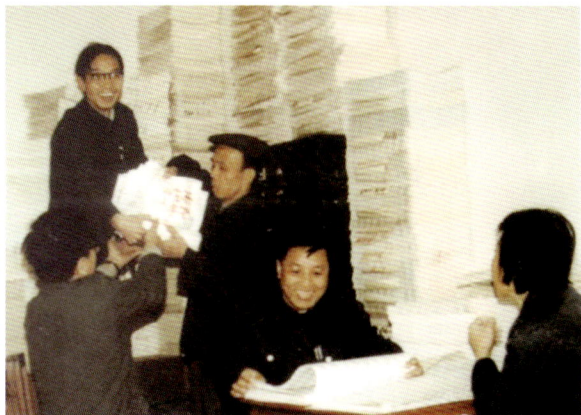

中子弹研究过程中堆积如山的打印纸带

中子弹作用原理的核心是找到一条热核点火的途径，获得点火条件，探明点火后如何发生热核燃料的深度自持燃烧。这是一个复杂的自组织系统，物理过程比氢弹复杂得多。贺贤土详细分析研究了系统中大量物理因素（子系统）的交叉作用以及它们之间的竞争和制约关系，特别是能源与能耗竞争的消长关系，组织团队成员对各种分解的物理因素进行详细的数值模拟和定量计算。他发现在多种相互交缠作用的因素中起主导作用的事实上只有几个，最后他发现一条新型点火途径并从理论上给出了实现点火的条件。然后，他深入进行了点火后自持燃烧规律的研究，又发现了确保热核材料高燃耗的物理过程。他还发现了控制二维效应和抑制内爆过程严重流体不稳定性的方法。最后，他建立了完全不同于传统氢弹的中子弹作用过程的物理和数学模型。为了证实这一模型，他又组织团队进行了详细的总体模拟计算和物理分析，终于获得了喜人的结果。

但当时很多人并不相信贺贤土的理论模型，领导要求立足传统原理进行设计，因此贺贤土他们不得不在既保证新原理又立足传统的情况下进行中子弹装置设计。

1984年12月，新疆试验场第一次中子弹原理热试验完全证实了他和他的团队研究发现的新的科学原理，宣告了我国中子弹原理的突破。中子弹试验成功完全是中国人智慧的表现。1999年，美国国会组织的《考克斯报告》中所提到的中国人窃取美国中子弹机密完全是无中生有，是对中国科学家的污蔑。

贺贤土早期发表的研究论文

贺贤土（左）与于敏（右）探讨问题

　　1985年5月，贺贤土任北京九所一室副主任，负责基础和高科技研究，同时等待出国访问。在此期间，他提出了在强激光与物质作用时等离子体通道内有质动力驱动强非线性电流会产生强的自生磁场，同时把国际上斑图的选择和形成的研究扩展为斑图动力学。

　　贺贤土回忆说："20世纪七八十年代是我最富有创新力、创造力的时期，也是我人生中最有意义、克服困难最多的时期。经过二十多年的努力，边干边学，有计划地学习自己感兴趣的知识，我的知识基础和知识面有了很大的积累与拓宽。同时在研究工作中积累了很多研究经验，研究方法也日趋成熟，更重要的是形成了自己的一套思维方法。我深深感觉到：努力探索掌握科学规律，突破科研瓶颈，是科学研究成功的保证……为了构筑祖国的核盾牌，为了保卫祖国不被人欺侮，我们隐姓埋名几十载，把自己的青春献给了祖国的国防事业，我们为此感到骄傲。"

出国访问

1986—1988年

CHUGUO FANGWEN

1986年5月，贺贤土获得批准出国访问。

1986年6月，贺贤土作为北京应用物理与计算数学研究所派出的第一名出访学者，访问美国马里兰大学。

贺贤土访问美国马里兰大学（1986年）

1986年6月至1987年6月，贺贤土任美国马里兰大学物理学系访问科学家和物理科学与技术研究所高级研究员，从事空间等离子体物理研究，研究太阳风作用下新生彗星离子（特别是质子）激发哨波及频率比质子回旋频率高但带有混合静电和电磁偏振的波的不稳定性。贺贤土向年轻人请教，学习计算方法和编制程序，工作十分努力，周末也在办公室。半年多后，他与吴京生教授在著名的地球物理杂志*Journal of Geophysical Research: Space Physics*上联合发表了论文《新生彗星离子体激发哨波以及静电、电磁混合偏振波》。另外一篇论文没有完全成文。

贺贤土访问美国马里兰大学（1986年）

1987年6月，在贺贤土正要回国的时候，时任马里兰大学物理学系主任的刘全生教授邀请贺贤土到他所在的研究团队工作。刘教授是国际著名的激光等离子体研究方面的专家。贺贤土对刘教授的研究方向很感兴趣，感觉这方面工作与回国后的工作会有紧密的联系。所以不得不向所里申请延长半年研究工作，经所里批准后，贺贤土转入刘全生的研究团队，在刘全生教授那里完成了一篇自生磁场产生的论文，但并未发表。

贺贤土（前排右二）访问美国马里兰大学（1986年）

访美期间，贺贤土深刻地感觉到美国科学技术的高水平发展，尤其是在高性能计算机的计算能力以及信息传播方面，当时我国没有办法与之相比。他深深坚定了回国后要努力将个人微薄的力量贡献给祖国，为促进我国的科学技术发展而努力。

1987年12月，贺贤土访美结束后准备赴比利时自由大学讲学，对方负担从美国到比利时及从比利时回国的机票，但比利时驻美国领事馆却迟迟未批准签证，当他亲自去领事馆询问时，却被要求出示回国的机票。贺贤土突然意识到这是害怕他留在比利时，他非常气愤，据理力争，表示"我是堂堂中国的教授，与其留在比利时，我首选肯定是美国，因为美国要比你们比利时发达得多"。最后领事馆不得不签发签证。这件事情给了他很大的刺激，他意识到贫穷落后的中国在国际上没有地位，这也更加坚定了他回国后一定要为国家富强贡献力量的决心。在比利时自由大学讲学结束后，贺贤土严格按所里的要求，一个月后准时回国。

贺贤土（右一）访问比利时自由大学并与Balescu教授（左二）合影

35

惯性约束聚变研究

1988年至今

GUANXING YUESHU JUBIAN YANJIU

1988—1992 年

　　1988年8月，贺贤土被组织任命为研究所科技委副主任。他接受一项新的任务，负责激光驱动惯性约束聚变（ICF）理论和模拟研究。ICF是利用物质内爆运动的惯性约束高温高密度氘氚等离子体，产生热核点火和自持燃烧的聚变途径。目前驱动器主要是高功率大能量激光器。激光驱动（提供能量）ICF过程又叫激光聚变，是一个大科学工程，具有聚变能源、国防和基础研究等重要应用。

　　1988年9月至12月，贺贤土接手ICF后感到最大的困难是没有足够的经费，同时缺乏一个长远的发展规划。因此，贺贤土请求王淦昌先生上书中央，把ICF研究纳入国家863计划。王淦昌随即致电王大珩先生，请他执笔起草一封给中央的信。贺贤土请于敏、胡仁宇、邓锡铭等人对信的初稿进行修改，最后以王淦昌、王大珩和于敏的名义上书邓小平等中央领导。邓小平很快批复并请李鹏处理此事。

　　1989年1月26日，李鹏总理约见了王淦昌、王大珩、于敏、邓锡铭、贺贤土五位科学家，听取了专门汇报，同意将ICF研究纳入863计划。

贺贤土（左一）与王大珩（左二）、
王淦昌（右二）合照

贺贤土（左三）向王淦昌（右二）汇报实验结果

1989年到1991年，根据李鹏总理的指示，一个ICF总体规划和立项论证专家组成立，贺贤土任组长。他调研了国际上ICF研究的大量成果以及发展趋势，与规划组同志进行讨论，并执笔完成了立项论证报告和我国ICF总体发展规划，提出了三阶段（三大步）规划：第一阶段目标实现ICF点火为国防服务，第二、三阶段实现为能源服务解决电站演示技术并最终实现商业应用。

1991年1月，贺贤土任北京应用物理和计算数学研究所副所长。

1992年，国家863计划领导小组组织专家组进行评审。

1993—2001年

　　1993年3月，863计划直属惯性约束聚变主题（当时无相应领域委员会）成立，代号"416"，陶祖聪任首席科学家，贺贤土任主题秘书长。

　　1996年上半年，陶祖聪因病去世，贺贤土开始全面负责ICF主题工作。

　　1997年，贺贤土被正式任命为第二任首席科学家，一直到2001年12月。

863-416主题专家组合影（1993年）

的物理一甲子

贺贤土（前排右五）参加强激光和ICF驱动器研讨会（1996年5月）

贺贤土于韩国亚太等离子体国际会上做报告（1996年8月）

贺贤土（右三）访问罗切斯特大学激光工程实验室（1996年11月）

贺贤土讲解Vlasov方程

  贺贤土全面负责ICF主题期间，领导ICF研究团队突破了制约高功率激光器发展的多个元器件瓶颈，独立自主建成了神光（SG）系列多个高功率激光器，组织领导了ICF靶物理研究的大型程序系列的研制，为靶物理研究和数值模拟提供了重要基础。在他的领导下，我国首次实验利用三倍频激光直接驱动和间接驱动方式实现热核聚变。

  2001年底，在贺贤土的领导下，我国ICF从863计划以前的十分薄弱的基础发展成了一个独立自主有实力的研究体系，并锻炼培养了一支研究队伍。国家对这个主题成绩的评语："九五"期间取得了阶段性重大成果，建立了独立自主的ICF研究体系。为了保证中国顺利实现实验室ICF点火和能量增益，在贺贤土的决策下，我国ICF靶物理研究通过建立万焦耳级到几十万焦耳级再到百万焦耳级的"三步走"发展途径，走了一条与美国人不同的点火道路。

2002年至今
大量开拓性工作

　　自2002年开始，贺贤土成为863计划领域专家委员会成员和ICF领导小组组长，从事深化ICF发展战略和深入进行靶物理理论研究的工作，进一步推动我国ICF研究向着点火发展。

　　2004—2005年，国家组织制定"国家中长期科学技术发展规划"，贺贤土任战略高技术专题战略能源组组长，在他的领导下，经过论证，实现我国ICF点火目标被列入国家中长期科学技术发展战略规划。

贺贤土（前排中间）于成都主持全国第一届高能量密度物理会议（2009年12月）

2002年至今，贺贤土个人在靶物理研究方面做了大量开拓创新性的研究工作，在总结美国国家点火装置点火试验失败的基础上，提出和发表了一种新型点火途径，即"间接和直接驱动组合的混合驱动点火途径"。美国同行在国际会议上指出，这是中国人提出的新途径。第一阶段，应用球黑腔代替美国人的柱黑腔进行辐射驱动（间接驱动）保证燃料靶球表面辐射（驱动内爆）对称性，并进行长脉冲低速球对称内爆；第二阶段，后期直接驱动激光入射到球腔内辐射烧蚀靶球表面产生的大尺度冕区内，在临界面附近被吸收并产生超声电子热波，热波慢化到高压电子声速后，混合驱动产生一个等离子体压（物质压），而不是传统用的烧蚀压，它比传统间接驱动烧蚀压高很多倍，实现了第二阶段高速内爆，流体力学不稳定性被很好地抑制，产生快速混合驱动高裕量点火。一维和二维模拟表明，低于2MJ的激光能量可以产生很高的聚变增益。

贺贤土多次任国际上有关ICF研究和等离子体物理国际会议的共同主席或会议的咨询委员会成员。

还曾任国际原子能机构（IAEA）惯性聚变能咨询小组成员，参与国际惯性聚变能发展的咨询。在他与日本科学家的积极推动下，建立了亚洲核聚变与等离子体物理协会，推动了亚洲核聚变与等离子体物理的研究和发展。

贺贤土出席FIW2010并发言（2010年10月）

贺贤土出席第二届全国高能量密度物理会议
暨中日CUP激光等离子体物理研讨会（2010年10月）

分年个人事件

1999年至今

FENNIAN GEREN SHIJIAN

1999年

　　贺贤土接受母校浙江大学的邀请，兼任浙江大学理学院院长，全面负责理学院的学科发展与规划。

　　8月11日，贺贤土正式上任浙江大学理学院院长。

　　8月12日，贺贤土召开理学院院长书记会议。

　　8月13日，贺贤土与理学院部分老教授举行座谈会。会上提出重视人才和基础性研究、努力争取国家重大项目资助、采取理工结合交叉互补的思想。

　　11月5日，台湾大学理学院访问浙江大学理学院，贺贤土出席座谈会并讲话。

浙江大学理学院首届学术委员会成员合影

浙江大学学院院长聘任仪式（1999年8月12日）

1999年，贺老师在应邀任浙大理学院院长的同时，兼任浙江近代物理中心副主任。

　　1990年5月，经诺贝尔奖获得者李政道校友和当时浙江大学校长路甬祥教授协商提议，浙江省政府和浙江大学共同创建了浙江近代物理中心。时任国家领导人的陈云同志为中心题写了中心名称，李政道教授亲任中心主任至今。

浙江近代物理中心主任李政道与副主任贺贤土合影

2000年

贺贤土获2000年度何梁何利奖。

贺贤土担任中国科学院数理学部常委。负责组织在神光Ⅱ上进行物理理论和实验研究，中低能量激光器上物理研究的成果达到了国际先进水平，为国家中长期科技规划中的点火工程的立项提供了十分重要的物理基础。

贺贤土任高功率激光物理国家重点实验室学术委员会主任，另外还花一定时间从事教育，把他在科研中的体会和经验用于教育事业。贺贤土十分重视人才培养和高水平人才的引进。他深深缅怀20世纪六七十年代突破氢弹时的学术民主风气，更以真挚的热情，为许多年轻后生提供了及时的支持与关心，为我国科技事业输送了众多优秀人才。他培养了多名研究生，从国外引荐了多位科研骨干，许多都成为重要技术岗位的组织者，有的已当选为中国科学院院士。

神光Ⅱ激光装置运行。

贺贤土与学生亲切交流

贺贤土获2000年度何梁何利奖

　　6月16—17日，在贺贤土的提议下，浙江大学理学院召开第一次双代会，贺贤土担任浙江大学理学院第一届学术委员会主任。到会校外专家22位（其中13位委员是院士，3人为首席科学家），校内委员22位，共召开不同形式的学术报告会、座谈会、研讨会11次。会议提出了改革用人制度、扶持重点学科、重视高水平成果和加强量化管理的下一步工作计划。贺贤土在会上提出"重振理学雄风"的发展理念和目标，沿用至今。

6月20日，贺贤土为家乡宁波题词："发展高科技，进一步振兴宁波经济。"

9月22日，贺贤土接受宁波市政府的聘请，兼任宁波职业技术学院（简称宁职院）院长。

不同于要培养"实际操作型"人才的传统观点，他提倡高职教育要努力发展"产、学、研"结合。在当时高等职业技术教育只强调"产、学"的情况下，他提出必须加上"研"。他把研究分为国家目标、区域（特别是省级）目标和地方目标下的三类科技研究层次，第三层次是有关地方企业（特别是宁波民营企业）技术瓶颈和老百姓生活息息相关的科技问题。他认为职业技术学院是高等教育的一部分，学校的教授、副教授等老师应该从事第三层次的研究，这是大量的。教师通过这样的研究，不仅提高了自己学术水平，有利于课堂教育质量的提高和教育改革，而且能够提高当地技术水平并能服务于经济社会的发展，从而促进高职教育的可持续性发展。他身体力行，不仅在宁职院实践他的理念，在教学实践中验证，而且作为教育部高职教育学术委员会的顾问，大力宣传他的理念。在他的影响下，宁波职业技术学院的许多毕业生进入了企业的设计、研发机构，从事技术研究工作。如今的宁波职业技术学院已成为全国知名高职院校。

10月3—8日，贺贤土带领浙江大学理学院赴台湾大学和台湾成功大学进行学术交流活动。

10月5日，贺贤土在台湾大学物理学系做题为"Pattern Dynamics and Spatiotemporal Chaos in Near–integral System"的讲座。

2001年

贺贤土获科技部颁发的"国家863计划突出贡献先进个人奖"。

2001年第五期《科学世界》中刊登了贺贤土院士的访谈《干净的最终能源——访惯性约束聚变专家组首席科学家贺贤土院士》。文中，贺贤土对我国核能源现阶段以及未来发展进行了评述。

2001—2007年，贺贤土先后任中国科学院数理学部常委、副主任、主任以及中国科学院学部主席团成员和执行委员会成员。期间，受科学院学部委托，组织部分院士就我国参加"国际热核聚变实验堆"（ITER）计划进行讨论，向中央提交学部建议。

2001年，美国物理学家史蒂芬·霍金被聘为浙江大学名誉教授，并在浙江大学做了"膜的新世界"的演讲，贺贤土代表浙大理学院致欢迎辞。

为了中国参加ITER计划培养人才，贺贤土在浙大建立"浙江大学聚变理论与模拟中心"，聘请时任美国加州大学欧文分校（UCI）教授陈骝为中心主任，并邀请陈骝、林志宏、林郁三位教授来浙江大学开设"等离子体导论"课程。从此，浙大开始发展等离子体物理学科。

　　2001年10月，为了庆祝浙江近代物理中心成立十周年，贺贤土院士亲自邀请了国内十余位中国科学院数理学部的院士来杭州参加"面对二十一世纪物理的挑战"研讨会议，并听取中心教授们的研究成果汇报。会后，贺贤土院士根据当时的优势学科研究方向的现状分布与发展情况，建议设立强关联系统、临界动力学模拟和高能粒子物理三个重点研究方向。

　　在本次会议上，中心副主任贺贤土院士指出："展望21世纪，我个人认为物理学仍然将是科学发展的主要亮点之一，物质世界及自然界的探索和发现仍然需要物理学起先躯作用，特别是21世纪物理学与技术应用结合，将更丰富人类物质文明的内涵，造福全人类。这也正是我们物理学家特别是年轻物理学家（理论物理学家、实验物理学家、应用物理学家）的责任。"

庆祝浙江近代物理中心成立十周年暨学术研讨会代表合影

在贺老师的直接关心和指导下，浙大理论物理学科发展进入了新的历史阶段，特别是在多个研究方向上引进了新的力量，在一些理论物理新的生长点和交叉学科等方面得到了开拓和发展，新的一代理论物理学科队伍也在成长和发展起来。浙大理论物理学科培养了包括院士、国家杰出青年、长江学者在内的多位高端人才，并且在2007年成为国家重点学科。至今，本学科在量子场论与粒子唯象学、统计物理与复杂系统、量子信息与量子计算、光子原子系统的关联特性和聚变理论与模拟等研究方向取得了具有国际影响的成果，形成了一支活跃在物理学前沿的学术团队。浙江近代物理中心已经成为中国的科学创新基地之一。

1月，贺贤土应邀在美国华盛顿的一次国际会议上介绍中国ICF的进展，与会者反响很大，惊讶于中国取得的成就。

4月，安徽出版社出版《院士思维》，贺贤土撰文一篇，题为《分解研究：化复杂为简单》。

12月，贺贤土因年龄关系卸任国家863计划惯性约束聚变主题专家组首席科学家，只担任863计划某领域委员会的ICF小组组长，提供科学咨询和顾问。这使他有较多精力考虑我国ICF发展战略。他先后完成了《我国ICF发展战略研究》《863-8领域ICF发展战略报告》等论文，研究总结了美国发展ICF的经验，根据我国国情，提出了立足中心点火、努力探索快点火等发展我国ICF事业的设想，为国家重大专项点火工程的战略发展提供了思路。

除了组织领导ICF事业发展外，他还积极从事ICF物理的探索研究，结出了丰硕成果。

863-416主题基本结束，国家863计划对ICF主题总结验收，并给予评语："九五"取得阶段性重大进展，建立独立自主的研究体系。

贺贤土
的物理一甲子

2002年

贺贤土担任中国科学院数理学部副主任、中国物理学会理事。

1月23日，贺贤土出席"爱立信杯2001年中国、世界十大科技进展新闻发布会"，发布会由科学时报社和中国科学院学部联合办公室、中国工程院学部工作部组织，566名两院院士投票评选。

3月24日，贺贤土接受《科学时报》汪富亮采访，汪富亮撰文《为了祖国，我愿献身科学》。

4月，贺贤土受聘为浙江大学宁波理工学院名誉教授。

贺贤土受聘为浙江大学
宁波理工学院名誉教授

5月，贺贤土院士作为科技委的兼职委员列席总装备部科技委年会。

6月20日，贺贤土参加宁波老乡领导访甬代表团座谈会。

21日，贺贤土作为宁波职业技术学院院长答浙江财经学院财经新闻专业学生问，就职业发展谈了自己的看法，并且回答了同学们关于生活学习各个方面的疑问。重点提到了如下几个问题：①中国未来职业教育尤其是他目前任院长的宁波职业技术学院的发展趋势；②自己对当代大学尤其是职业技术学院的看法；③自己过去的职业生涯等。

12月，贺贤土在广东中山市做题为"参加核武器研制的经历与体会"的报告。

2004年

　　贺贤土任中国科学院学部主席团成员和执行委员会成员、中国核学会荣誉理事。任中国科学院数理学部主任。

　　贺贤土和欧阳钟灿院士以及中科院数理学部办公室主任赵世荣一起去看望彭桓武先生。彭桓武先生再次提到组织集体攻关、依靠集体力量解决问题的重要性。

贺贤土与彭桓武的合影

9月20日，贺贤土在浙江大学数学中心为2004级研究生做了题为"突破'两弹'对发展高科技的体会"的精彩报告。

中科院数理学部委员代表于宁波北仑港合影

10月23日，贺贤土携近20位中科院数理学部委员在宁波市教育局有关领导的陪同下来到宁波职业技术学院，齐聚"风范苑"，参加了植树活动。

12月1—4日，贺贤土于海南参加中日激光聚变科学会议。

贺贤土参加中日激光聚变科学会议

2005年

2004—2005年，贺贤土院士担任国家中长期科学和技术发展规划战略高技术能源组组长。

贺贤土在《物理》杂志上撰文《他把全部精力献给了祖国和物理学——彭桓武院士九十华诞》，庆贺恩师华诞。

贺贤土在《职业教育研究动态》中谈到："职业教育的发展对于技术在基础层面上的发展起着非常重要的作用，对全社会的和谐发展具有非常重要的意义。"

我国完成神光Ⅲ原型建造。

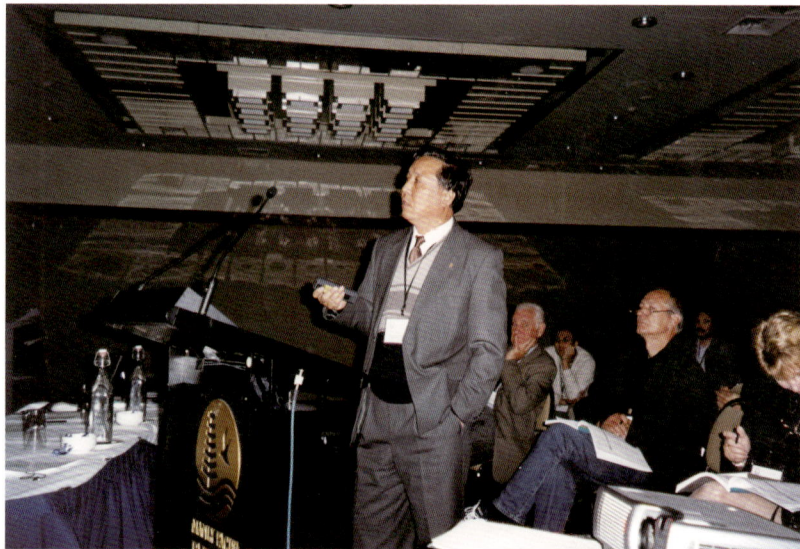

贺贤土在美国国际会议上做学术报告（2005年）

　　4月，贺贤土参加在杭州召开的由技术科学部、信息技术科学部、数学物理部和杭州市政府共同组织的"技术科学论坛——固态照明"研讨会。

　　4月7日，贺贤土致信静海副院长，建议以科技论坛等形式与企业或其他有关部门一起对发展高技术和国民经济中的一些重要科学技术问题进行交流，提高咨询意见的效果。

　　5月，贺贤土在北京大学出版社出版的院士专家巡讲团报告集第一辑《科学与中国》中撰文《参加核武器研制的经历与体会》。

　　"五四"青年节，贺贤土满怀激情给学生们做了"弘扬'两弹一星'精神和祖国同发展"的主题宣讲。

　　贺贤土在《物理》杂志的彭桓武先生90岁华诞专题中撰文《他把全部精力献给了祖国和物理学》，庆祝彭先生90岁生日。

6月3日，贺贤土参与"走中国特色自主创新之路"院士座谈会并发言，题为"坚定地走中国特色自主创新之路"。

6月4日，贺贤土发表《惯性约束热核聚变反应动力学》，内容包括：①宇宙中和地球上热核聚变反应；②局部热动平衡（LTE）下热核反应动力学；③非局部热动平衡（N−LTE）下热核反应动力学；④结论和讨论。

6月17日，贺贤土参加刘盛纲院士受聘为宁波职业技术学院高级顾问的仪式。

中国科学院成立50周年。

贺贤土在中国科学院成立50周年庆典上进行报告

贺贤土

的物理一甲子

7月，贺贤土致信周济部长，谈对现在高等工科教育的看法。指出工科本科教育存在如重理论轻实践、除输送本科生外无法很好发挥科技支撑和科技创新作用、对如何通过结合解决当地经济和科技发展中的科技问题来提升自身的学术水平和能力缺乏认识等问题，并提出了在宁波职业技术学院办学过程中的改造方法。建议将宁波职业技术学院提升为新型的本科理工科院校。

8月，中国科学院数理学部成立了由贺贤土院士等15名中国科学院院士和有关专家组成的"高性能计算战略研究"咨询组，贺贤土任负责人。

贺贤土发表题为"从事核武器研制与基础科学研究的经历与体会"的学术报告，在报告中指出：①发展我国核武器的必要性；②如何艰苦奋斗发展我国核武器；③出国进修，拓宽视野；④接触教育，回报社会；⑤从事科研工作的体会。

8月2—3日，贺贤土出席主题为"数学物理前沿"的香山科学会议第258次学术讨论，并做了题为"高能量密度物理中的若干问题，实验室与天体物理"的报告。

贺贤土于法国Biarritz参加学术会议并做ICF报告

9月，贺贤土于法国Biarriz参加国际会议并做ICF相关学术报告。

11月18日，贺贤土接受《大众科技报》采访，形成报道《重视科学技术，独立自主创新——贺贤土院士谈国防高科技的发展》，畅谈核武器研究的宝贵经验，向大众科普了其专业方面的相关知识。

12月14日，贺贤土出席浙江大学理学院院务会议，强调人才引进的重要性，抓住学校"百人计划"机会，提高学术水平。

9月14—16日，在上海浦东与中国科学院信息技术科学部和技术科学部共同组织召开了"高性能计算战略研讨会"，会议汇集了高性能科学计算的应用者、高性能计算机的设计制造者以及科学计算应用软件的开发者等多个学科领域的两院院士和专家，就如何进一步发展我国高性能计算的战略问题，推动和促进我国高性能计算的应用、高性能计算机系统的发展以及高水平应用软件的开发，加强相关领域的交流与合作进行了深入探讨，就一些重要问题达成了共识。

2006年

贺贤土在国际原子能机构在中国召开的聚变能国际会议上，应邀做大会有关"惯性聚变能报告"的综合报告；在于敏院士八十华诞文集中撰文《抓关键鲜明思维　担重任潜心竭虑——于敏院士八十华诞》。

5月，浙江大学批复同意建立"聚变理论与模拟中心"。

1月，上海教育出版社出版《院士怎样读书》中收录《贺贤土：56元工资买原版书》一文。

6月，贺贤土的《发展我国核武器事业的体会》收录在科学出版社出版的《名家系列讲座精粹第三卷〈做人做事做学问〉》中。

7月30日，贺贤土参加北京联谊会，召开"小平同志与宁波建设"座谈会。

8月7日，贺贤土做客腾讯网访谈，形成报道《热爱祖国，奉献自己》。

国际原子能机构在中国召开聚变能国际会议。

26日，中共中央国务院发布关于实施科技规划纲要增强自主创新能力的决定。

8月25日，贺贤土参加浙江大学主办的"量子基础与技术：前沿和展望"国际会议，并主持开幕式。

9月13日，贺贤土为宁波中学题词："学得好，学得活，学做人。"

贺贤土主持量子基础与技术会议

10月，贺院士参与的中国科学院数理学部"高性能计算战略研究"咨询组完成了"加速发展我国高性能计算的若干建议"咨询报告。报告指出：①高性能计算的内涵、战略意义和在科技发展中的作用；②美国等发达国家在高性能计算方面的重要发展；③我国高性能计算的发展现状、面临的挑战及存在的问题；④重大挑战性项目和若干基础科学问题中的高性能计算；⑤对于加快我国高性能计算的建议。

12月，贺贤土访问日本大阪大学激光工程研究所。

10月23日，浙江大学聚变理论与模拟中心成立，由浙江大学理学院、中国科学院等离子体物理研究所、核工业西南物理研究院和国家863计划804主题共同组建。

10月27日，国家"十一五"科学技术发展规划出台。

贺贤土在会议上发言

贺贤土访问日本大阪大学激光工程研究所

2007年

贺贤土任中国计算物理学会理事长，任国际杂志*Communications in Computational Physics*主编。

贺贤土应中国人民大学物理学系主任王孝群教授邀请，在中国人民大学逸夫会议中心的"科技人文论坛"上，做了题为"突破'两弹'对发展高科技的体会"的报告，从中国研制两弹的背景讲起，回顾了在艰苦的年代进行研究的亲身经历。

贺贤土在邮件中深切哀悼彭桓武先生，并回忆了与彭桓武先生交往的点滴以及彭桓武先生的思维方法和研究技巧。

1月，贺贤土担任浙江大学理学院第二届学术委员会主任。

浙江大学理学院第二届学术委员会成员合影

3月，科学出版社出版的《2007高技术发展报告》中刊载贺贤土院士和赵世荣研究员的修改版《加速发展我国高性能计算的若干建议》。

5月28日，贺贤土院士在在王淦昌先生诞生100周年纪念活动时，接受《科学时报》的采访，在《细微之处见真情——贺贤土院士谈王淦昌先生的影响力》一文中谈起了他记忆深处王淦昌先生的为人和学术威望，以及对他一生的影响。

6月17日，贺贤土在中国科学院国家科学图书馆报告厅举行的"纪念王淦昌院士百年诞辰专题系列报告"的第四场报告中，为听众们做了题为"王淦昌院士——我国惯性约束聚变事业的开创者"的报告，并寄语中学学生：科学思维，开拓创新，执着追求，务实求真。报告包括五个方面：①王老开创了我国激光驱动惯性约缩核聚变（报告中称激光聚变）事业；②王老为我国激光聚变事业呕心沥血；③我国激光聚变研究取得重大进展；④实施国家激光聚变点火工程；⑤结束语。

纪念王淦昌百年诞辰报告会

6月23日，《宁波晚报》刊发《桑梓情深的甬籍院士贺贤土》一文。当天下午，年近七旬的贺贤土给宁波职业技术学院的学生们做了一场有关相对论的报告。

8月，宁波出版社出版《西子湖畔宁波人》，其中包括《攀登在我国国防尖端武器研制的高峰上——记中国科学院院士贺贤土》一文。

9月25日，贺贤土与浙江大学理学院2007级研究生新生共同座谈，不仅为新生们带来了一场精彩的报告，还为学子们解答了学习、生活、未来规划等方面的疑问。

10月31日，贺贤土为上海交通大学师生做了精彩讲座——"热爱祖国，奉献自己——听贺贤土院士讲述中国核武器发展之路"，并在结束时题词："学得好，学得活，学做人。"

12月，贺贤土担任北京大学双聘院士。

12月，北京应用物理与计算数学研究所与北京大学联合建立了应用物理与技术研究中心（九院与北大合作），贺贤土被聘为主任。在他的领导下，中心综合双方的研究优势，积极培养人才，推动相关领域的研究发展，不断扩大在国内外的学术影响。中心主要研究从核武器和激光聚变大科学工程中提炼的基础问题，以及与高能量密度有关的前沿科学问题。通过深入研究，使这些大科学工程的研制和设计建立在深度的科学认知基础上。贺贤土领导中心主要瞄准研究高能量密度下物质的特性、激光与等离子体相互作用过程的科学问题、流体力学不稳定性与可压缩流体湍流以及有关的科学计算技术与方法。近十年来，中心得到了长足的发展，培养了很多人才，发表的论文超过1000篇，众多成果已获得国际同行的高度评价和关注。

2008年

贺贤土任中国计算物理学会理事长、*Communications in Computational Physics*主编。

贺贤土在《功高德劭》中撰文《我所接触的程开甲院士》。

1月2日，贺贤土接受科技时报题为"北大布局高能量密度物理科学研究"的采访，以应用物理与技术研究中心主任身份介绍中心成立的目标和意义。

3月19日，贺贤土参加浙江大学理学院学科建设座谈会，会议讨论了有关学科发展和体制机制改革的事项。贺贤土提出要争取学校对理科发展政策上的支持。

3月26日，贺贤土接受杂志《科技创新与品牌》题为"创新是一个民族发展的灵魂"的采访，从当年艰难的物理研究环境、进行科学研究所需的因素、创新对科学研究的作用以及物理学未来的突破等方面谈了自己的看法。

科学探索，需要有正确
的思维方法和坚韧不拔
克服困难的精神，才能取
得成功。

贺贤土

二〇〇八年三月

贺贤土关于科学探索理念的题词

5月13日，贺贤土接受天下宁波帮2008年第三期题为"贺贤土：桑梓情深的院士院长"的采访，阐述了对职业技术学校的建设理念。

5月18日，贺贤土参加"首都科学讲堂"并做报告。

8月28日，贺贤土出席浙江大学理学院党政联席会议，提出尽量争取学校在人才引进和项目方面的支持，引进人才和现有队伍的培养要结合起来；要看准好的学生，三年级本科生就一起做科研比较好，研究生后再出国交流比较好；新学期开始，体制上系的职能越来越突出，整体看来运行不错，取得了不少成绩；学科发展不要面面俱到，而是要有所侧重，希望每个梯队有一个战略计划，动员大家集中起来。

贺贤土参加"首都科学讲堂"并做报告

9月4日，贺贤土接受《在京浙江人》杂志题为"从'幕后英雄'到'多产科学家'——记浙籍院士、著名理论物理学家贺贤土"的采访。

10月，贺贤土在宁波中学110周年校庆庆典大会发言。

10月7—9日，贺贤土参与香山科学会议第329次学术讨论会并担任会议执行主席，会议主题是"我国高性能计算的发展与对策"。贺贤土院士以"我国高性能计算的现状、面临的挑战与发展"为题做了主题评述报告，强调"制定计算科学的国家发展战略、提高我国自主创新能力"的必要性和迫切性。

10月20日，贺贤土接受《中国青年报》采访，指出职业教育不能患有"近视症"。他既讲述了六年任职的感受，更对中国职业教育发展发出了急切的心声："职业教育的核心是培养应用型技术人才，不光要有技术能力，而且还必须具备发展后劲，如果职业院校一味地跟着市场跑，就业率可能高，但将来肯定要受阻。"

10月21日，贺贤土接受《科技日报》记者采访，指出我国发展高性能计算存在三大软肋：①以计算机代替计算科学发展规划；②数值模拟应用软件大量引进；③高性能计算机系统自主创新乏力。贺贤土呼吁增强自主创新能力，要优化资源管理，提高用户使用效率，避免高性能系统的浪费；重视和加强计算科学的新型交叉人才培养，建立对此类交叉学科人才的合理评价机制等。

10月29日，贺贤土撰文《产学研结合是发展高职教育的根本途径》。

11月1—4日，贺贤土作为浙江大学理学院院长担任第三届中法超短超强激光及其应用研讨会（China-France Workshop on Ultra-Short and Ultra-Intense Lasers and Applications）大会主席。此次会议由浙江大学组织，在玉泉校区邵逸夫科技馆举行，参会人数近70人，其中法国代表近20人。

2009年

　　贺贤土在《物理》杂志撰
文《周光召先生与我国核武器
事业》。

贺贤土与杨振宁先生见面交谈及合影

贺贤土
的物理一甲子

1月5日，贺贤土参加北京大学应用物理与技术研究中心学术委员会会议。

贺贤土参加北京大学应用物理与技术研究中心学术委员会会议

产学研结合，促进高职教育健康发展。

——祝贺宁波职业技术学院建院十周年

贺贤土

2009年4月6日

贺贤土为宁波职业技术学院题词

3月8日，贺贤土参加2009年全国职业教育发展论坛"中国信心——未来职业教育发展之路"，在论坛上提出了产学研结合是发展我国高职教育的基本途径。会后贺贤土接受中国青年报在线访谈，再次强调了职业教育中研究的重要性以及产学研结合对提高教学质量的重要作用。

3月24日，贺院士接受《科技日报》记者题为"只讲产学不讲研不利于高职教育发展"的采访，强调了高职院校学术研究的重要性以及其和高校研究的区别。

4月6日，贺贤土为祝贺宁波职业技术学院建校十周年，题词："产学研结合，促进高职教育健康发展。"

4月25日，贺贤土参加以"落实科学发展观，实现高职院校可持续发展"为主题的学术论坛。

6月26日，贺贤土接收《刘延东同志对我院呈送〈我国计算科学的发展与建议〉的报告的批示》。刘延东同志在批示中指出：中科院对报告中反映的问题非常重视，要加大支持力度，推动我国计算科学的发展。

7月，贺贤土担任惯性约束聚变点火重大专项专家委员会成员。

9月21日，贺贤土参加宁波职业技术学院2009级开学典礼。

12月3日，贺贤土于成都主持第一届全国高能量密度物理会议。

12月16日，浙江大学授予贺贤土院士"竺可桢奖"。

浙江大学授予贺贤土院士"竺可桢奖"

2010年

9月6日，贺贤土列席浙江大学党政联席会议，强调人才梯队、队伍年龄结构和带头人的重要性，提出要积极争取学校的支持，要有人牵头做国家大项目。

2011年

4月9日，贺贤土参加"镇海中学北京校友会隆重庆祝母校百年华诞暨全体校友大会"，并向母校敬赠学术论文集和个人传记。

4月18—22日，贺贤土参加新加坡举办的第五届等离子体物理和技术前沿国际会议并就高能量密度等离子体研究发言。

7月28日，贺贤土代表北京大学应用物理与技术研究中心向学校申请配套经费与办公空间。

7月29日，贺贤土撰文《我心中的中国科学院》。

9月12—18日，贺贤土参加第七届国际聚变科学与应用会议（IFSA2011），代表我国ICF研究团队做大会邀请报告，介绍了我国ICF研究理论、数值模拟、实验和高功率激光器方面的重要进展，并阐明了我国ICF点火研究的路线图。并代表由于签证问题未能到会的郑万国研究员做了神光Ⅲ装置研制进展的第二个大会报告。报告引起了与会国际同行很大反响，纷纷向我国参会人员祝贺，惊讶于我国取得的巨大成就，同时也谈论到我国ICF研究路线图选择上的明智。

贺贤土参加IFSA2011并做报告

10月23日，贺贤土接受《中国科学报》的采访，介绍第七届国际聚变科学与应用会议的情况。

11月21日，贺贤土接受《科技日报》记者专访，指出："美国国家点火装置（NIF）有望在明年进行点火演示，如果成功，则证明了惯性约束聚变（ICF）的科学可行性，这将是ICF研究的重要里程碑。同时，我国走了一条完全独立自主的ICF研究路线，预计2020年左右演示实验室点火和热核燃烧。"

11月25日，贺贤土在浙江大学"理学大讲堂"做报告，题为"我的科学生涯——从核武器到激光聚变"。

2012年

贺贤土为浙江大学物理学系引进国家"千人计划"学者张富春教授。

4月26日，贺贤土出席宁波职业技术学院2012年校庆嘉年华游园活动开幕式。

7月23日，贺贤土出席第四届全国高能量密度物理会议并发言。

贺贤土出席第四届全国高能量
密度物理会议并发言

张富春教授被聘任为浙江大学物理学系名誉系主任，并与唐孝威院士、
贺贤土院士、罗民兴院士等20余位浙大物理学系教授合影

纪念中国物理学会成立八十周年暨21世纪物理学前沿学术研讨会合影留念
2012.8.25

贺贤土出席纪念中国物理学会成立八十周年暨21世纪物理学前沿学术研讨会

8月8日，贺贤土接受《科技日报》题为"X射线激光实验研究温稠密物质获得重要进展"的访问，解读了理论改换对实际研究的影响。

8月25日，贺贤土出席纪念中国物理学会成立八十周年暨21世纪物理学前沿学术研讨会。

9月24日，贺贤土出席宁波职业技术学院2012级新生军训检阅仪式暨总结大会，并检阅成果，在新生大会上致辞。

10月18—21日，贺贤土出席在北京大学召开的第一届高能量密度物理国际会议（ICHEDP）并致辞。

贺贤土出席第一届ICHEDP会议

贺贤土出席第一届ICHEDP会议

11月27日，贺贤土参观神光Ⅲ激光器主机。

贺贤土参观神光Ⅲ激光器主机

12月15日，贺贤土接受《中国科学报》题为"贺贤土院士：高能量密度物理方兴未艾"的访谈，谈到了当前高能量密度物理发展情况及未来走向。

12月21日，贺贤土出席第二届高功率激光科学与工程学术讨论会并担任大会主席，会议在苏州召开。

贺贤土出席第二届高功率激光科学与工程学术讨论会并发言

2013年

3月15日，贺贤土出席《中国科学：物理学 力学 天文学》编委会会议。

贺贤土出席《中国科学：物理学 力学 天文学》编委会会议

4月24日，贺贤土及原教育部职教司司长、中国职教学会原副会长杨金土视察建设中的宁波职业技术学院新图书馆。

4月25日，贺贤土出席宁波职业技术学院2013年校庆嘉年华活动开幕式，并出席了"我的科学生涯"报告会。后出席由教育部职业技术教育中心研究所、宁波市教育局和宁波职业技术学院三方合作成立的"发展中国家职业教育研究院"成立仪式。

贺贤土出席"我的科学生涯"报告会

6月7日，贺贤土出席在顾国华体育中心篮球馆举行的宁波职业技术学院2013届2729名毕业生的毕业典礼，并为他们送上毕业寄语。

8月，贺贤土参加南京理工大学六十周年校庆活动并题词："提高科学思维能力，不骄不躁务实求真，执着追求梦想成功。——寄语当代大学生。"

贺贤土在宁波职业技术学院2013届毕业典礼上对毕业生寄语

9月7日，贺贤土于日本奈良出席第8次IFSA（惯性约束聚变科学与应用）国际会议并做大会邀请报告，提出新型混合驱动点火模型。

贺贤土出席IFSA并做报告

12月5—9日，贺贤土访问美国加州大学圣地亚哥分校
（UCSD）并做报告。

贺贤土访问UCSD并做报告

2014年

3月16—19日，贺贤土出席第一届HPLSE会议（高功率激光科学与工程国际研讨会）并做报告，会议在苏州召开。

贺贤土出席第一届HPLSE会议

4月21—25日，贺贤土出席第八届激光等离子体西湖国际研讨会（The 8th International West Lake Symposium on Laser Plasma Interactions）。

贺贤土出席第八届激光等离子体西湖国际研讨会

5月30日，在宁波职业技术学院55周年校庆主题大会上，贺贤土接受张慧波院长颁发的终身"名誉院长"聘书并赠送纪念卷轴。

贺贤土接受宁职院终身"名誉院长"
聘书并赠送纪念卷轴

6月23日，贺贤土在四川大学讲学。

贺贤土在四川大学讲学

8月9日，贺贤土在北京参加"计算原子、分子及物质特性研讨会"。

8月29日，贺贤土接受访谈，形成报道《丹心一片追"点火"——贺贤土院士访谈录》。

贺贤土参加"计算原子、分子及物质特性研讨会"

9月21—24日，贺贤土出席第二届ICHEDP（International Conference on High Energy Density Physics）会议并致辞。

贺贤土出席第二届ICHEDP会议

贺贤土出席第二届ICHEDP会议

11月5—7日，贺贤土出席第五届全国高能量密度物理会议并做学术报告。

11月28日，贺贤土在浙江大学"理学大讲堂"做报告，题为"我的科学经历——国防、激光聚变和基础研究"。

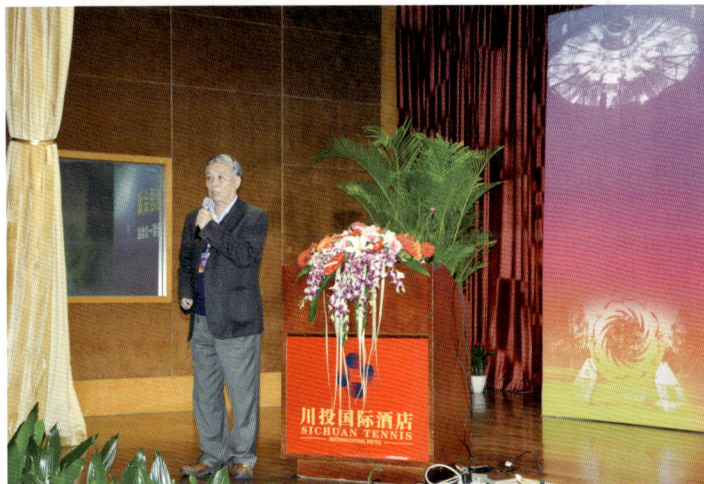

贺贤土出席第五届全国高能量密度物理会议并做报告

2015年

　　1月7—11日，贺贤土赴新加坡参加第九届计算物理国际会议并发言。

贺贤土参加第九届计算
物理国际会议并讲话

贺贤土
的物理一甲子

10月12日，贺贤土应邀做客第51期南科大讲堂，为师生带来题为"我的科学生涯"的精彩讲座。

11月13日，贺贤土参与2015年院士增选会投票。

贺贤土参与2015年院士增选会投票

2016年

贺贤土为浙江大学物理学系引进朱诗尧院士。

3月，贺贤土提炼了核武器和ICF研究中大量基础科学问题，指导博士研究生进行研究，取得了多项有国际影响的成果，累计在国内外著名杂志上发表了250多篇论文。

10月23—25日，贺贤土担任第六届全国高能量密度物理会议主席。

11月1日，贺贤土为陕西师范大学学生做了题为"我的科学生涯——从事国防、惯性聚变能和基础科学研究50余年"的专场报告。

2017年

　　贺贤土总结45年科研工作的经验与体会，指出在工作中要做到：①研究工作中要积极参与讨论与争论，激发自己的思想灵感，学术讨论与交流是启迪新思想的重要途径；②形成科学思维，善于抓住事物本质：科学思维是通向成功之路；③边干边学，努力学习科学知识；④兴趣和执着是科学研究原动力。

　　5月21日，贺贤土参加浙江大学120周年校庆。

　　贺贤土参加物理学系主办的"双一流"视域下的物理学科发展论坛活动并做重要讲话。

"双一流"视域下的物理学科发展论坛（2017年5月21日）

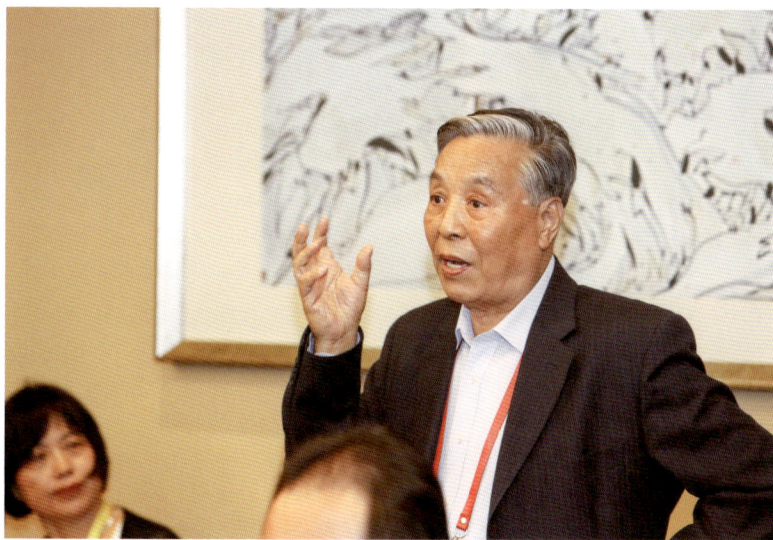

贺贤土在"双一流"物理学科建设发展论坛讲话

教育管理工作

1999年至今

JIAOYU GUANLI GONGZUO

1999—2009年
兼任浙江大学理学院院长

　　贺贤土在队伍建设、人才培养、管理工作、科学研究和宣传文化工作方面做了很多工作，在学科发展中既有平衡又有重点发展。提出了理学学科建设的原则：知己知彼，扬长避短；理工结合，交叉互补；人才是关键，要有能干的，能干的要为我干；设备要一流，一流的设备要出一流的成果；国家重大项目要大胆申请，千方百计去争取。在贺贤土的领导下，浙江大学理学院得到了很大发展。

　　贺贤土视人才为学科发展的第一要素，他说："要重振理学院当年雄风，关键在于人才，我们要注意保护人才的积极性，要留得住人。"他特别重视学科人才梯队建设，提出建设一支30、40、50的人才梯队，促进学科健康发展；提出建设研究团队的思路，建设一支"带头人+科研人员+研究生"的团队，而非仅仅是由教授带学生的团队；亲自抓人才引进工作。首创"特聘研究员"这一人才引进机制，积极引进优秀人才，并鼓励教师队伍中的年轻人脱颖而出。根据经费缺乏、资源紧张的实际情况，贺贤土开创性地发明了"向学校借经费运转"的发展办法，极大地推动了学科实验室建设和学术发展。现任数学学院院长包刚，化学系唐睿康，国家杰出青年基金获得者黄飞鹤，物理学系千人学者陈骝、张富春，长江教授袁辉球以及优青王浩华等都是在贺贤土亲自关心下引进的，贺贤土还聘请戴金星院士担任地科系名誉系主任等。

　　贺贤土提出组建学术委员会的建议，亲自动员并聘请国内知名学者（其中有17位院士）担任理学院学术委员会，并请院外专家帮助审查学院学科建设规划，评估学院学科发展情况，确定重点支持领域（方向）及资金使用计划（方案）。

浙江大学理学院首届领导班子与贺贤土夫妇合影（2017年4月22日）

贺贤土提出组建研究所的思路：多形式产生所长原则，可民主推选，可组织考察任命，可两者结合产生；明确院、系、所三者关系，科研任务的完成，考核到所；研究所实行所长负责制。理论物理中心、光学所、凝聚态所等研究所在新的研究所思路下重新改组并建立。管理工作方面，改组了近代物理研究中心管理团队，亲自担任副主任。一方面鼓励现有队伍，一方面又引进了大批年轻人才。推动建立浙江大学聚变理论与模拟中心，发展等离子体学科，使之成为有国际影响力的国内一流的研究机构。

贺贤土
的物理一甲子

在教学工作方面，贺贤土要求教师教学中结合最新研究成果，了解国际情况，穿插讲解，拓宽学生视野；要求课程教学中讲解思维方法，给学生一个概念，教导分析问题的方法和思维方法，而不仅是知识。

贺贤土在看文件

1999—2009年
兼任宁波职业技术学院院长

　　宁波职业技术学院是由中专升级来的，贺贤土兼任院长时面临的最大问题是不知道该如何办学。经过一段时间的实践，贺贤土提出了关于职业教育的两个观点：①职业技术学院的主要任务是培养有动手能力的学生，整体面向当地经济社会发展提供服务，包括技术、艺术和科学；②产学研是职业教育的重要组成部分，高等职业教育必须搞研究，提升教师队伍的质量，这样教材改革才有保障和基础。职业教育的研究工作是指"第三层次"的研究，即面向人民生活有关的科技问题、解决当地企业的技术瓶颈、服务当地的经济发展。时任教育部高等职业教育委员会顾问的贺贤土为此积极宣传职业教育的重要性。

贺贤土在宁波职业技术学院参加会议

2007年至今
兼任北京大学应用物理与技术研究中心主任

　　2007年12月起，贺贤土兼任北大应用物理与技术研究中心主任，中心主要研究从核武器和激光聚变等大科学工程研究中提炼的基础问题以及与高能量密度物理研究有关的前沿科学。通过对问题深入研究，为大科学工程的研制和设计建立在深入的科学认知的基础上。贺贤土领导中心主要瞄准以下四个方面的研究：①高能量密度下物质的特性；②激光与等离子体相互作用过程的等科学问题；③流体力学不稳定性与可压缩流体湍流；④有关的科学计算技术与方法。他提出了"普通博士后""主任博士后""元培博士后"三类人才引进措施，又引领了国内青年人才招引的策略。近十年来，该中心培养了很多有关领域的人才，发表了超过千篇的论文，得到了长足的发展，目前很多成果已经得到国际和国内同行的重视。

贺贤土在北京大学校庆上讲话并参加北京大学工学院力学与空天技术系研究生培养研讨会

参与和负责
九所和中国科学院数理学部
管理工作

1985—1997年、2000—2008年

CANYU HE FUZE

JIUSUO HE ZHONGGUOKEXUEYUAN SHULI XUEBU

GUANLI GONGZUO

1985年5月至1997年
参与和负责九所管理工作

1985年5月，贺贤土任九所一室副室主任。

1988年5月，贺贤土任九所科技委副主任，主管ICF研究。

1991—1997年，贺贤土任九所副所长，主管所的科学研究，人才培养和对外交流等工作。

贺贤土早年在九所工作的照片

2000—2008年
兼任中国科学院数理学部常委、副主任、主任和主席团执行委员

贺贤土全心全意投入学部工作，主要做了以下五点工作：

①提倡学部院士应该对新科学发展发挥积极作用，为新科学和新学科的探索给予支持；

②积极做好国家技术发展咨询工作，在ITER计划的发展咨询中做了重要工作；

③为国际合作做评估、提建议，献计献策；

④日常工作，比如为院士评选做了很多细致工作；

⑤按照主席团的要求，在学部和学科发展上发挥领导作用。

贺贤土在看《科学时报》，
关心国家最新科技进展

基础科学研究成果

1980年至今

JICHU KEXUE YANJIU CHENGGUO

20世纪七八十年代，贺贤土在繁忙的核武器研究任务中抽出时间坚持进行基础科学研究，以活跃自己学术思想和加深对任务中的科学问题的理解。

自2002年起，从ICF领导岗位上下来后，他花很多时间从事基础科学问题研究。自2008年起，他在中国工程物理研究院与北京大学联合研究中心对从核武器和ICF等研究中提炼出的大量基础物理问题以及高能量密度物理中的挑战性问题进行研究，领导和指导年轻专家们进行工作，并与他们合作指导培养博士研究生。

到目前为止，他已发表了学术论文约300多篇，完成了很多有国际影响的研究成果，部分结果如下。

（1）1983年，贺贤土第一次在国际上提出了在强激光与物质作用时等离子体通道内有质动力驱动强非线性电流会产生强的自生磁场。2000年前后又拓展到相对论超强激光与等离子体作用，并指导学生自洽和统一地导得了圆偏振和线偏振激光与等离子体作用的轴向和角向自生电磁场方程。粒子模拟程序计算和国际同行实验证实了这种磁场存在，被国际上大量引用。

（2）斑图（pattern），这里指一种携带质量、动量和能量的空间结构，例如，天空中的云图、宇宙中的星团、海洋中的波浪、流体中的涡旋等等，大量系统的演化都与斑图动力学有关。贺贤土是国际上首先把传统的斑图选择和形成研究拓展到斑图动力学研究的主要提出和开拓者之一。早在20世纪80年代，他首次从电磁波与等离子体作用过程获得类孤立子（相干斑图）解和发现斑图时间随机演化行为。随后，发现初始多个相干或规则斑图（孤立波）相互作用系统会自发地演化到时空混沌（"湍流"状态）和它们的演化途径，被国际同行评论为"发现了近可积系统时空混沌"，有很多后续研究。

（3）贺贤土提出了利用圆偏振激光产生的准静态自生电轴向和径向电磁场加速相对论电子束的共振加速模型，在临界面附近加速电子电荷密度远大于通常的尾场加速，而且准直性好。大量的模拟证实了这一模型，有利于实际应用。国际同行有大量引用，有人也称之为磁光加速模型。利用这种机制，还可获得高亮度同步辐射。

（4）贺贤土提出了一种新型TeV能量质子加速机制。不同于电中性双壳层辐射压加速模型，他建议了薄膜—气体两阶段加速靶。当超强激光作用薄膜靶面时，薄膜内电子首先产生加速，在加速电子到达靶背末与薄膜内被加速的质子形成电中性双壳层前，快速进入气体并电离气体产生"雪耙"效应，这样，在电子与质子阵面之间产生强空间电荷场。数值模拟表明：在超强激光（约 $10^8\,\mathrm{PW/cm^2}$）作用下，在几厘米长度气体内质子能被加速到TeV能量。这种加速机制可为未来的相对论离子加速器建造提供物理参考。

（5）温稠密物质（WDM）是一种密度大于通常固态密度、温度小于或可与费米温度相比较的物质状态，出现在大量宇宙星体内部、激光聚变内爆压缩过程以及实验室中高强度激光或辐射与物质作用时。随着温度和密度的增加，成千上万个激发了的能级必须仔细研究，传统的密度泛函理论无法实现大量计算。他指导学生研究并与合作者一起发现了WDM中高能电子满足Born近似下平面波解的条件，因此，发展了新的方法，解决了长期以来温稠密物质研究中大量数值计算的困难。

（6）贺贤土提出流体力学不稳定性与可压缩流体湍流耦合是影响界面多相流物质混合和能量传输关键因素。同时，贺贤土与湍流专家合作从物理层面深入进行可压缩流体湍流以及与流体力学不稳定性耦合关系研究。他们发现瑞利-泰勒不稳定性（RTI）发生的相干涡旋结构进入冲击波阵面后被破碎为大量无规运动小斑图（一种携带能量和动量的空间结构），这被认为是可压缩流体湍流基元。

贺贤土是ICF和高能量密度物理研究国际著名科学家，是这些领域中一些国际会议的发起者、主席和科学顾问。多次被邀请在重大国际会议（例如IFSA系列会议等）上做大会邀请报告和综合报告，积极宣传我国ICF和高能量密度物理研究进展，使我国在这些领域占有一席之地。

他先后获得了国家自然科学奖二等奖、国家科技进步奖一等奖和二等奖各一项以及部委级奖八项。还获得何梁何利科技进步奖、光华一等奖等。

贺贤土学术交流照

参考文献

[1] 徐群飞. 贺贤土传 [M]. 宁波：宁波出版社，2005.

[2] 陈佳洱. 20世纪中国知名科学家学术成就概览·物理学卷 [M]. 北京：科学出版社，2015：325-336.

[3] 中国科学技术协会. 中国科学技术专家传略·理学编·物理卷4 [M]. 北京：中国科学技术出版社，2012：342-358.

[4]《贺贤土论文选集》编委会. 贺贤土论文选集 [M]. 杭州：浙江大学出版社，2017.

图书在版编目（CIP）数据

贺贤土的物理一甲子 / 颜鹂，房正浓，马玉婷编. —
杭州 ：浙江大学出版社，2017.12

　　ISBN 978-7-308-17883-9

　　Ⅰ. ①贺… Ⅱ. ①颜… ②房… ③马… Ⅲ.①贺贤土—
生平事迹 Ⅳ. ①K826.11

中国版本图书馆CIP数据核字（2018）第007727号

贺贤土的物理一甲子

颜　鹂　房正浓　马玉婷　编

策　　划	许佳颖	
责任编辑	金佩雯	
责任校对	陈静毅　沈炜玲	
封面设计	程　晨	
出版发行	浙江大学出版社	

　　　　　　（杭州市天目山路148号　邮政编码 310007）

　　　　　　（网址：http：//www.zjupress.com）

排　　版	杭州林智广告有限公司
印　　刷	浙江海虹彩色印务有限公司
开　　本	889mm×1194mm　1/20
印　　张	7
字　　数	88千
版 印 次	2017年12月第1版　2017年12月第1次印刷
书　　号	ISBN 978-7-308-17883-9
定　　价	98.00元